Miika Alpua

Vierasta outoa hengitystä

runoja

© 2021 Miika Alpua

Kannen taitto: Karoliina Koljonen

Kustantaja: BoD – Books on Demand, Helsinki, Suomi

Valmistaja: BoD – Books on Demand, Norderstedt, Saksa

ISBN: 978-952-80-4924-1

Huudan takaisin

kiveniskemä

tuijotan kohtaa

valonnopeus laahaa

liikun ja pysyn paikallani

pyrstötähdet on kertakäyttökamaa

ja auringon muisto jostain syystä

turkoosinvihreää nauhaa

odotan perille pääsemistä

mutta oikeasti aika on pysähtynyt

luovutan lämpöä

hetki on tummunut oranssi

sälekaihtimien välistä siivilöitynyttä

~~kananrasvaa~~ valoa

Pellon laidassa on hylätty talo,
johon ei saa mennä.
Sen seinät kaatuilevat,
ja sillä hetkellä,
kun aukaiset oven,
ja astut eteiseen,
katto rysähtää päällesi!
Sen talon vintillä,
on ruosteinen heteka,
älä kysy, niin en valehtele.
Keittiön valkoisessa tapetissa
on mustia pilkkuja.
Ikkunat ovat yläreunasta ohentuneet.
Lasi valuu, kuin vesi,
ja aika on vain käsite.
On vain tämä ikuinen hetki,
ja me myöhästymme siitä
päivä päivän jälkeen.

Mies istuu nojatuolissa.
Suu auki. Pää riippuu rintaa vasten.
Käsi nojaa rennosti polveen.
Kädessä savuke.
Savu nousee pystysuorana viivana.
Ollaan keittiössä.
Sivupöydällä on tuhkakuppi,
tuhkaa ja tupakanpuruja.
Mies ei karista savukettaan.
Tuhkapää kasvaa hitaasti.
Se on vauvan pikkurillin mittainen.
Liesituuletin imee hiljaa ilmaa,
jääkaappi päästelee kurluttavia ääniä.
Keittiön kaapit ovat oliivinvihreät.
Savuke tipahtaa keittiön muovimatolle.
Tupakan polttamia reikiä.
Mies säpsähtää,
muttei herää.

9

tuhka kuiskii –

sipiasiat on valetta

kalat eivät sitä niele

katsovat vain

vatsatanssija

vienosti keinuttaa lanteitaan

kuovi huutaa

huudan takaisin

Olet tässä

Makaat tässä, lämpimällä lattialla,

ihan hiljaa, hengittelet, ja tunnet

miten lattian molekyylit vaihtelee paikkaa

sun molekyylien kanssa, ja sä olet ykseys,

täydellinen, omassa oksennuksessaan kylpyhuoneen lattialla

makaava ykseys

pelon ja järjen
välisellä penkereellä
"polta varovasti"
kuin kahvikupin
muovikannelle supatetaan

auringonlaskuun
on minuutteja
styroxista askarreltua
napalmia

traktorin rengas
on jättänyt kaksi pitkää uraa
jalkaterät kääntyvät
sisäänpäin

pysähdymme kuuntelemaan
laahaavaa kahinaa
askeltemme musiikkia
laskemaan toistemme
kromosomeja

penkinlämmitin on päällä

rättikatto, tippuva basso

renkaat sulaa maantiehen kii

kangastuksia reitin varrella olevista

pikkukylien apteekeista

käsien hiomista messinkikahvoista

sulla on vakosamettihousut

mua ei pelota

kuunnella veneen alla sadetta

tanssia nurmikoilla

ihmisten takapihoilla

kääriä kasvot huntuun

ja todeta,

että tältä musta

tuntuu aina

Hän oli juuri niitä tietyn tyyppisiä ihmisiä,
sitä tyyppiä, joka nakkaa nuggetin kanaparveen,
ja nauraa ilmeillesi

pitelen hamettasi porttikongissa
mukulakivikaduilla paljain jaloin
huudat,   minäkin
matkimme pimeisiin huoneisiin
suljettujen eläinten huutoja
eläinten joita pimeisiin huoneisiin
suljetut miehet kiduttavat ja silpovat
tai no,

                              minä matkin

Koska rakkaus näyttää siltä

Ranskalainen suudelma

Kaksikymmentäkuusi- ja puolivuotiaana
pistin kieleni jäiseen rautaan.
Kaikki lapset kuulema tekevät niin,
mutta minä olin unohtanut.

Olen kuiva maa
sormenpäissäsi sadepisarat

Olen väkijoukossa kirkuva pingviini,
joka etsii puolikastaan

Minä kaipaan hellyyttä syreenin alla,
kukkien, taivaan alla
Hentoa kosketusta kupeillani,
mitä vittua se sitten tarkoittaakaan,
en tiedä missä kohtaa kuve sijaitsee,
mutta kosketusta sinne kaipaisin silti

Olen kuiva maa
sormenpäissäsi sateen ensipisarat

unissani

sinulla on monia kasvoja

olemme tanssineet samppanjan

värisissä saleissa

ja suudelleet verenpunaisen kuun

alla

kun taivas on palanut loppuun

ja hiljainen linnunrata kiertyy

syleilyynsä

sinulla saattaa olla monia kasvoja

mutta haluan

että tiedät

voin odottaa

Se on pieniä asioita
nenän muoto,
silmälasin sangat,
tai tapa kävellä.

Se miten hän puristaa kuivaksi
teepussin kiertämällä
narun kolme kertaa
lusikan ja teepussin ympärille,
ja kiristää.

Se on ihovoiteen tuoksu,
tai se miten aurinko osuu
hänen hiuksiinsa.

Se on pieniä asioita,
jotka saavat meidät
rakastumaan tuntemattomaan.

Tule niin kastutaan,

yhdessä sateeseen kun astutaan,

kuin ei muita oliskaan,

kuin ei huominen koskaan tuliskaan.

Tule, juokse

mun luokse.

Tajua, että

se on vain vettä.

Meidät lapsiksi se puhdistaa,

juonteet kasvoista pois kuluttaa.

Älä nyt jää jarruttelemaan.

Tule kanssani sateeseen,

muuta pyydä en.

Vai ootko taivaan kasteelle

jo liian aikuinen.

Ensisuudelma

Sä nojailet muhun
ja maistut ihan vodkalta,
savukkeittes tuhkalta.

Mä puhun sulle ikuisuudesta,
sä hymähdät,
et sä siitä mitään tiedä.

Tanssitaan hitaita tuulessa.
Sulla ei ole kotiintuloaikoja,
mulla on, mutten mä niitä noudata.

Mä olen sulle se oikea,
olen sitä kaikille.

Kuin liimaisit kiinni sadannen kirjekuoren,

taputtelisit isoa koiraa,

tai ampuisit voikukan höytyviä haulikolla

et ymmärrä:

Minä olen se, joka odotti kymmeniä tuhansia vuosia

luolan suulla, että hiillos palaa loppuun.

Minä olen se yö, joka saalistaa aamua.

Ja kun minä loikkaan,

päivät, kuin aivovaurioiset,

vapisevat edessäni.

Minä olen se, joka leikittelee

taivaankappaleilla, kuin untuvilla.

Minä olen se, joka hymyilee maltillisesti pimeässä,

kun yrität peitellä itsesi kokonaan.

Silitä minua,

kuin etsisit pimeässä huoneessa valokatkaisijaa!

Silitä minua, kuin kissaa silitetään!

Jos edes tiedät, mitä se tarkoittaa...

Ihosi;
tyyni järvenpinta
rankkasateella,

lasista puhallettuja
kielon kukkia.

Jos olisin kivi,
hyväilisit sileäksi,
mut en mä ole kivi.

Mä olen se sade,
joka suutelee sun selkää.

kuin kissan kiertyvä selkäranka

vuoteessa tanssin

tunnen musiikin

minä tanssin

sittenkin

vaikka diskossa olin betoniporsas

muiden jaloissa

vuoteessa

olen Jumalatar

kuin kielellä solmittu kirsikan kanta

enkä koskaan

koskaan

saa orgasmia liian aikaisin

tai koskaan...

Pussillinen toffeeta

annat mulle toffeesydämen
annat mulle sydämesi
ja kuin lapsi
suurimman aarteensa
minä sidon sen kaulalleni
kutittavalla villalangalla
niin ylpeänä
niin täynnä toivoa
sinä naurahdat
ja sanot
sehän oli vain karamelli

piirrän kehosi kaarista
topografista karttaa
sormenpäitteni kuvioihin,
jotta tunnistaisin Ihosi
niistä kaikista ihoista
joille eksyn
harhailemaan

Koska rakkaus näyttää siltä

Tässä tuhat vuoteeseen kannettua kahvia,
Tässä puhtaaksi puunattu tiskiallas,
mennessäni viemäni sekajätepussi.
Tässä tuhat orgasmia,
ja vastaleivottu leipä, avaimet asuntooni
Tässä jämät aamusätkästäni,
vuoteen viereen kannettu oksennusämpäri.
Tässä murrettu vessan ovi,
hätäinen paidasta revitty kiristysside,
ja tuhat soitettua ambulanssia.
Tässä lääkehiili,
ja tuhat soitettua ambulanssia,
ja tuhat soitettua ambulanssia,
ja tuhat soitettua ambulanssia.

aamuerektiosi
hellä töytäily
ristiselässäni

mietin usein
mitä tapahtuu
unessa

nipistän käsivartta
ja kysyn
mihin oikein katosit

makaan

kyljelläni

halaan polvia

sikiöasento

peitto myttynä

jalkojen välissä

yritän pidättää

kusta ja paskaa

m o l e m p i a

tuntuu tunnilta

sun herätyskello

näyttää kahtatoista minuuttia

sä lopetat ja sanot että rakastat mua

se on eka kerta kun sanot sen

ja mä uskon samalla tavalla

kuin huora uskoo lipaston kulmalle

jätettyyn kirjekuoreen

Minuus kävi viemässä roskat

Se,

kuten niin monet pienet

hirvittävät asiat,

tapahtuu pikkuhiljaa,

kuin kylpyveden viileneminen.

Lopulta on kylmä,

eikä voi kuin

selittää lämpöä

termodynamiikan laeilla.

Tietää, että ihmisen

suurin elin on iho,

ja siihen se sitten

jääkin.

Postiluukusta, ovien alta, avaimenreiästä
liesituulettimesta, ilmanvaihtoputkista
lattiakaivosta, viemäreiden aukoista
tyhjien pistorasioiden rei'istä
pienet koulutetut mustat hämähäkit tulevat
ja pureskelevat minua
joka yö

Aamun sarastaessa
naapuri tulee sisään
omilla avaimillaan
kaataa hermomyrkkyä
kahvikuppiini
ja poistuu sanomatta
sanaakaan

Uutistenlukija lukee telepromterilta subtekstiä
jonka tarkoitus on tehdä oloni eksyneeksi
onnettomaksi

Siinä vuoteella, yksin, jähmettyneenä
tipahdan kahden maailman väliin.

Pelottavaa,
ja hirvittävän mielenkiintoista.

Se tunne on uusi,
kuin entisen ystävän kasvot väkijoukossa.

Haikeus

Ääriviiva –

Vesiväri – vuotaa yli.

Se on yhtä pientä valhetta, jota kerron itselleni,

ja yhtä aikaa se on aivan yhtä totta kuin

vuoteeni, joka estää minua tipahtamasta lattialle.

Ovikello soi.

Ovi menee kiinni
selkäni takana.
Varjo äänettömästä
linnusta, luo
pelottavia kuvia
eteisen lattiaan.

Rintakehäni rutisee, kuin
russakat kenkäsi alla.
Hengitys pakenee
jään tuijottamaan
sen jättämää
tyhjää kohtaa,
joka laajenee
horisonttiviivaksi
eteiseen.

Aurinko ei asu meillä.
Minuus kokee paineen.
Minuus siis luo paineen.
Minuus kävi viemässä roskat.
Minuus ei asu meillä.

Odottaminen

Kassajonossa ikuisuus,
lapsen silmänliikkeen mittainen
sun kasvojen iho natisee,
silmät on kuin vyönsoljet,
ja sitten
      hymyilet

Mies kuin kapakan
pöydän kannen alle
painettu purukumi.
Unohtanut, unohtunut
ja se katumus,
ja se inho,
kun hänet muistaa,
tuntee sormissaan.
Hän ei tunne sormillaan,
hän tuntee järjellään.
Kovasti yrittää saada
vakuuttuneeksi asiastaan.

Huomaavaiset juovat lasin vettä

riisuutuvat alastomiksi

viikkaavat vaatteensa

ulostavat ja virtsaavat

pesevät kätensä ja kasvonsa

harjaavat hiuksensa ja hampaansa

asettuvat selinmakuulle kaakelilattialle

odottavat hiljaa

Huomaavaiset tappavat itsensä kylpyhuoneisiin

eikä siinä ole mitään melodramaattista.

Suuri loiskaus

Minä hukun, kun katselen takaraivojanne bussissa
Minä hukun kuin särjen puhjennut uimarakko
Minä hukun huulista, kuiskauksista, äänistä
Olen sadevesiämpärissä vettä loputtomasti
polkeva päästäinen

Minä hukun! Minä hukun! Minä hukun!

Minä hukun harmaan jokaisesta sävystä,
betonin karkeasta pinnasta
Päihdeklinikan nainen nauraa minulle,
kun haukon henkeä kasvot märkinä
Minä hukun viiniin, uusintoihin – vaaleaan leipään
Minä hukun keskeytetyistä yhdynnöistä

Minä hukun! Minä hukun! Minä hukun!

Minä hukun väärin tulkitusta sanasta, vilkaisusta,
joka vaihtuu tuijotukseksi
Huulet sinisinä poimin tärisevin käsin
tyhjiä lääkeliuskoja asuntoni muovimatolta

Hukun kun kuulen naapurissa naisen huutavan pelastajaa
– loppu yön hiljaisuudesta
Minä hukun Kansaneläkelaitoksen
puhelinpalvelun jonotusmusiikista

Minä hukun! Minä hukun! Minä hukun!

Olen kuin yötaivaan tyhjiötä halkovan kirveen hamara
Olen vakuumiin pakattua sokerivettä,
tukehtuva kuiskaus onnesta
Kasvoille tuhansin käsin painettu sellofaani
Saippuakuplan sisällä olevaa käytettyä ilmaa

Minä hukun! Minä hukun!

Ohikulkijan aiheuttama ilmavirta tuuppaa nurin
Sikiökalvo repeää
mätä valuu ulos –
Hengitän

Muut eivät valvo kolmelta yöllä
pitäen seuraa yksinäisyydelle,
muut nukkuvat.
Muut eivät kävele hylätyillä raiteilla,
muut kävelevät suojateillä.
Muut eivät tasapainoile sillankaiteilla,
muut tasapainoilevat katukivetysten saumoilla.
Muut eivät kiipeile kerrostalojen katoilla,
muut eivät kiipeile missään.
Voi kuinka se mitä sinä jätät tekemättä
ajaakin minut hulluksi
Am – muu!

Tässä talossa ei asu,

eikä koskaan ole asunut yhtäkään elävää ihmistä.

Huoneeni seinät on ripustettu täyteen naamioita

posliinia, nahkaa, untuvaa, terästä,

reidestäni leikattua ihoa.

Naamioita joiden huulet liikkuvat, ne kuiskailevat,

kertovat toisilleen tarinoita siitä miksi olemme täällä.

Tarinoita syistä ja seurauksista.

Minä kirjoitan tarinani tupakoitteni filttereihin.

Kellon heiluri halkoo hiljaisuutta, ilma ei liiku,

savu nousee pystysuorana valkoisena viivana.

Viisarit viipaloivat aikaa,

joka minulta kuluu muuttua

keoiksi nuppineuloja ja savukkeiden tuhkaa.

pirtin kalusto,
Katkeruus
polttelee savukkeella
reikiä vahakankaaseen,
selailee viime kuun Alibia,
haaveilee,
haaveilee.

Olet kynnen alle katkenneissa nuppineuloissa

Olet kurkkumätäisen kurlausnesteissä

Olet spitaalisen kylpyvesissä

Olet hiekkalaatikon reunaan liimatuissa partakoneenterissä

Olet kätkytkuolematilastoissa

Olet valkoisissa ikkunattomissa pakettiautoissa

Olet rektaalirepeämissä

Olet sinä aikamoinen

Paina nappia, huuda komentoketjussa,
istu kahvihuoneessa, vierasta outoa käytöstä,
polta tupakka.

Hengitä, vaihda terää, kuori itsesi,
paina nappia,
kävele rauhallisesti,

sano, ettet jaksa enää yhtään enempää,
huomenna uudestaan.
Huomenna – uudestaan.

Hengitä.
Odota viikonloppua –
odota maanantaita,
odota
odota
odota.
Muista hengittää.
paina nappia,
polta ketjussa.
Kahvihuoneessa
vaihda terää.

Vierasta outoa hengitystä.

Minut saateltiin saliin raudoissa. Minä saattelin syytetyn saliin. Istuin korokkeellani ja vaadin hiljaisuutta. Kaivoin kamerani esille ja piilotin kasvoni kansion taakse. Vaadin rangaistusta näistä teoista. Näytin itselleni kuvia siitä mitä olin itselleni tehnyt. Minä näin mitä tein ja todistin sen minkä näin. Nousin seisomaan ja huusin: "Valhetta joka sana!" Haukoimme henkeämme järkyttyneinä. Kopautin korokkeeni reunaa ja vaadin hiljaisuutta. Selitin miksi en voinut tehdä sitä mitä olin tehnyt. Olin nähnyt itseni jossakin muualla kuin missä olin. Talteen kerätyt hiukseni eivät olleet minun. Minä en ollut nähnyt sitä mitä en ollut tehnyt, ja todistin sen mitä en nähnyt. Hetken aikaa tilanteeni näytti hyvältä, aloin huolestua tapahtuuko oikeus sittenkään. Puistin nyrkkiäni ja kirosin: "Päättäkää jo, olen istunut täällä kolmekymmentä vuotta, ja pitäisi päästä vessaan. Teloittakaa minut!" Vaadin itseäni olemaan hiljaa tai minua syytettäisiin oikeuden halventamisesta ja muistutin itseäni siitä, että olin aiheuttanut tämän kaiken.

Valo palaa.
En ole kotona,
lennän kaupungin yllä.
Jätin kehoni komeroon.
Sielu ei sinne mahtunut.

Joskus mahtui tulitikkuaskiin,
mutta annoin sen ensimmäiselle
vastaan tulleelle venäläiselle miehelle.
Kuusi raapaistua tulitikkua,
ja minun sieluni,
hankaamassa takajalkojaan yhteen.

En kuullut siitä sen jälkeen,
mietin vain, että kuoliko se?
Tarpeeksi vanhaksi kun elää
unohtaa miltä ne kuulostaa,
ja alkaa miettiä,
että varmaan kuolivat sukupuuttoon.

Joku juippi on tuonut tänne
mustaksi maalatun Rubikin kuution,
vei mennessään ovestakin kahvat.

Kämmenselästä
kasvoihin kulkee väre.
Joku ihoni alla
liikuttelee tuhansia teräviä esineitä
pascalin päässä puhkeamisesta.

Hunnutetut hahmot tanssahtelevat hiljaa,
raottavat huuliani varovasti.
Pimeys rysähtää päälleni
pyyhkii pois nimeni, uneni,
miten esineitä pidellään.

Minä katsoin ja näin
haalean keskiharmaan
kaikessa mitä näin
ei ollut ripustamisella
merkitystä varmaan
sama oikein- ja väärinpäin
pelkän keskiharmaan

Vatupassilla tasoitettu tie,

viivottimella piirretty,

onko luonnottomampaa,

kuin asfaltti erämaassa.

En omista mitään,

vain nämä kengät.

Kävelen,

en luota ajokorttiini,

käytän sitä vain vodkan

ja savukkeiden ostamiseen.

Ihan näinä vuosina

he lakkaavat kysymästä,

silloin on liian myöhäistä.

Olen läpikuultava,

enkä osaa ratkaista

ristisanatehtäviä.

Ilma väreilee,

jos pudottaisin marmorikuulan,

se ei vierisi minnekään.

Pitäisi ostaa ruokaa.

Olen ihminen,

uskothan minua.

Hydra

Kylpyhuoneen peilikaapin
suljettujen ovien takana
pimeässä, hitaasti
hammasharjamukiin kasvaa

mielisairaala-hammasharjoja

Menetetynrakkaudenpunaista kynsilakkaa

Muisto

heikko syke

Kun uni loppuu

lakanan lämmin kohta

alkaa jäähtyä

Kaikesta tulee staattista

valokuva

Pelkään unohtaa

Pelkään vereni jäätyvän

Pelkään sanojen risahtelua

Pelkään sitä aamua

jolloin herään ja totean,

etteivät unet olleet minua varten,

että rakkaudeton on riittävän hyvää,

että tähtien katselusta saa vain

niskansa kipeäksi

Eleen romanttisuuden

ja ikkunaan heitetyn kiven

koon välinen suhde on kääntäen verrannollinen

Parisuhteesta jää jäljelle
pieniä esineitä jotka
on helppo unohtaa.
Pieniä esineitä jotka
on helppo unohtaa
ovat esimerkiksi:
pieni peltinen piparminttu-
pastillirasia,
pariton riippukorvakoru,
Labellon vaaleansininen
laventeli huulirasva,
hiili croquis kehostani.
Paperiviiltoja.

Lupa

Soitan sulle puol kymmeneltä illalla, ja kysyn
onks sulla menetetynrakkaudenpunaista kynsilakkaa?
Sulla on sitä varastossa pullotolkulla, joten tulen käymään,
ja sä autat mua maalaamaan mun oikean käden kynnet,
kun en itse osaa. Lähtiessäni pistät mukaan pienen pullollisen
kynsilakanpoistoainetta, ihan kaiken varalta vaan.
Kävelen himaan kädet taskussa ja itken.

Toisinaan

saan itseni kiinni

ikävöimästä

niitä aikoja,

kun olin onneton

ja sinä yksinäinen.

Saatoimme soittaa päivässä

kuuden tunnin puheluita,

joiden aikana emme sanoneet

toisillemme mitään.

jätit huulirasvasi
mikron viereen

kaksi vuotta
yksi kuukausi
ja kolmetoista päivää

tänään lakkasin toivomasta
miettimästä rohtuneita huuliasi

heitin pois
huulirasvasi
hammaslankaimesi
ja suuveden

Katson puhelinta
ja odotan.
Jos oletkin yhtäkkiä tajunnut,
miten kauniisti osaan signeerata
sukunimesi. Harjoittelin
autojen sivuikkunoihin,
ruutuvihkoihin.

Haaveilet.

Ensisilmäyksellä

se vaikuttaa

niin kovin harmittomalta,

mutta kuitenkaan

missään olosuhteissa,

kastelit miten usein tahansa,

kuristajaköynnöksen siemenestä

ei kasva appelsiinipuuta.

Mulle jäi kuuden hengen astiasto,
se mädäntyy mun yksiön tiskipöydällä.

Halpa-Hallissa astiahyllyllä,

tuli sellainen pikainen ajatus,

melkein aavistus,

että jos tulee perhe,

tai edes joskus vieraita käymään.

Jos vain painat huulesi jotakin vasten,
etkä enää koskaan irrota niitä,
et ole suudellut;
olet vain laittanut huulesi johonkin
ja jättänyt ne siihen.

Für Elisestä tulee mieleen vain Burana

Käsitän tilan,
mutten huoneita,
joissa on ovi.
Ajatukset, kuin
kahvilan
terassin pöytään
unohtunut
korttipakka.

Nyt on ikuisuus,

liian hidas.

Loppuvuodesta myymättömistä
almanakoista tulee energiajätettä.

Herätyskellosta kuuluu se pieni naksahdus
ennen kun se pirahtaa, olet jo myöhässä.

Kääntää valokatkaisimesta ja pienen hetken
on pimeämpää, kuluu aikaa, että valo syttyy.

Muistatko kun kerroin sinulle?

Nyt on ikuisuus.

Tässä lattialla on vähän kylmä.

Asketismia asketismin takia.

Oikeasti etsin itseäni, löytämättä,

vaikka tiedän, olen tässä.

Kehoni sentään on läsnä.

Tämäkään ei ole minua varten,

pidän pehmeistä asioista,

täkeistä, tyynyistä,

naisen lanteille varastoituneesta rasvasta.

Mitään niistä en ole ansainnut,

mitään niistä en saa haluta,

mitään en saa haluta.

Kerrostaloissa, oppii kirkumaan ilman ääntä,

se harjaantumattomaan silmään

näyttää haukottelemiselta.

73

Yli kymmenen vuotta lumienkelistä,

ja pidätät hengitystäsi kävellessäsi

viemäriaukosta nousevan höyrypilven läpi.

Juot kahvia, olutta tai punaviiniä

niiden makujen takia.

Für Elisestä tulee mieleen vain Burana.

Kevään ensimmäiset leskenlehdet

kasvavat kaukolämpöputkien päällä,

näit talvella, kuinka siinä kohdassa

lumihanki teki notkelman.

Et muista milloin näit saippuakuplan,

tai nauroit niin, että kasvoihin sattui.

Omistat vain käytännöllisiä esineitä.

Jossakin vaiheessa sammakonkutu

muuttui kiinnostavasta ällöttäväksi,

eikä metsään enää uskaltanut mennä.

Puhaltelen pyramidin muotoisia saippuakuplia,
olet juonessa mukana, olet juonessa mukana aina.
Siksi minä juoksen peltojen poikki paljain jaloin.
Juoksen pakoon typeryyttäni, lapsellisuuttani.

Juoksen pakoon, sinne missä
pyramidin voi rakentaa puhaltamalla.

Joskus hölmöys on suurinta viisautta.

Täällä ilma ei liiku,

ja kaikki haisee vanhalta ihmiseltä.

Alanko minäkin joskus haista tältä.

Koipalloilta ja vanhalta paperilta.

Onko täällä hometta.

Kohta juodaan kahvia ja tupakoidaan...

Täällä on hyvä,

täällä on pysyvyyttä,

ja ryijyjä,

ja Koko perheen Atlas,

jota kukaan ei enää selaa.

Asioita, joita kierrätyskeskukset

eivät ota vastaan.

Jos olisin lintu
olisin lälläspyy,
syön aina liikaa keksejä kahvipöydässä
ja juon limua, vaikka ei ole lauantai.
Tarpeeni tällaiseen anarkismiin
luultavasti tappaa minut.

Ellen sitten aikuistu
ja tapa itseäni.

Kysy mustikan varvulta
mustikan kilohintaa,
lehmältä maitopurkin.
Kysy mehiläiseltä
hunajan hintaa,
mielipuolelta maailman.
Ja ne vastaavat kyllä,
mutta niiden vastaukset
eivät sinua miellytä.

Rapinaa

Kuoreen syntyy halkeama.
Syön aamiaiseksi yön,
poltan kuusi aamusavuketta,
itken lohduttoman onnenkyyneleitä.
Keräilen munakennojen
mukana tulleita untuvia,
ja sitten sinä olit siinä
kämmenelläni, ohueksi puhallettu,
eikä maailmalla voinut
ostaa edes Light Spritea.

Matkustajalentokone tekee pakkolaskua kävelykadulle
ihmiset kääntyvät katsomaan
suut auki
Kadunvarsikahvilan terassilla
mies jolla on paksusankaiset silmälasit
ja pakeneva hiusraja
koskettaa poskeaan viileällä lusikalla
jossa on pala juustokakkua
Lentokone meni ohi

Jos olisin maailman

ainoa ihminen

jolla on rahaa,

tuskin kukaan sitä

tulisi pummaamaan.

"Hei, tuolla on se

tyyppi, jolla on rahaa"

he sanoisivat ja vilkuttaisivat

kadun toiselta puolelta.

Olisin Se rahamies,

vähän samalla tavalla,

kuin se tyyppi meidän kylältä,

joka syö tupakantumppeja.

Nainen, jonka huulet liikkuvat, kun hänelle puhutaan,
on yleensä hyvin käytännönläheinen.

Osaa keittää perunan, omistaa mankelin,
tietää missä lämpötilassa marenki paistetaan.

Rakastaa miestään enemmän kuin lapsiaan.

Omistaa esiliinan, Kamasutran, kukkalapion.

Ole varovainen, kun puhut sellaisen naisen seurassa,
hänen suunsa saattaa pian revetä.

Ikään kuin harkiten,

hän kääntää kirjan sivua.

Minä lasken hiljaisuutta

teepannusta kuppiini.

Hän on valtava,

täyttää tämän huoneen.

On kuin kotonaan.

Minä hengitän hiljaisuutta,

höyryä, joka muodostaa

kiehkuran ennen kuin katoaa.

Hän on valtava,

täyttää tämän huoneen,

joka on hänen kotinsa.

Eikä hiljaisuus haittaa,

ja jokin siinä tuntuu pahalta.

Valon staattinen surina
asunnon katon rappauksessa,
kuin pöydälle yöksi unohtunut
voi.

Ennen kun alat ajatella,
ne primitiiviset osat
kertovat elämäsi tarinan
ajassa, joka kuvainnollisella
tulitikulla kuluu syttyä,
ja se tuntuu niin turvalliselta
kuunnella sitä höpinää,
ja tietää, että kaikki on pilalla,
tai no ainakin se voi on pilalla.
Uutta voita saa kaupasta,
mutta elämää ei voi aloittaa alusta.

Seurakunta

Kuristavan toivon seurakunta,
kokoontuu kaipauksen alttarilla,
viikon jokaisena päivänä.
Hypistelemään,
rypistyneet bingolaput,
pahviset lasinaluset
rukousnauhoinaan.
Savuketta, savukkeen perään.
Pistä makkaraperunat
valkosipulidipillä
ja lasi punaviiniä.

V:lle